BEI GRIN MACHT SICH IHR WISSEN BEZAHLT

AF149091

- Wir veröffentlichen Ihre Hausarbeit, Bachelor- und Masterarbeit

- Ihr eigenes eBook und Buch - weltweit in allen wichtigen Shops

- Verdienen Sie an jedem Verkauf

Jetzt bei www.GRIN.com hochladen und kostenlos publizieren

Annika Singelmann

Fastnachtspiel

Stoffe, Motive, Charaktere

GRIN Verlag

Bibliografische Information der Deutschen Nationalbibliothek:

Die Deutsche Bibliothek verzeichnet diese Publikation in der Deutschen National-
bibliografie; detaillierte bibliografische Daten sind im Internet über http://dnb.d-
nb.de/ abrufbar.

Impressum:

Copyright © 2009 GRIN Verlag GmbH
Druck und Bindung: Books on Demand GmbH, Norderstedt Germany
ISBN: 978-3-640-41347-8

Dieses Buch bei GRIN:

http://www.grin.com/de/e-book/131656/fastnachtspiel

TECHNISCHE UNIVERSITÄT CAROLO-WILHELMINA ZU BRAUNSCHWEIG
Institut für Germanistik, Abt. Deutsche Literatur
A8 TM I: „Fastnachtspiel"
WS 2008/09
Datum: 27.03.2009

Fastnachtspiel.

Stoffe, Motive, Charaktere.

Eine Ausarbeitung vorgelegt von

Annika Singelmann

INHALTSVERZEICHNIS

Im Rahmen des Seminars ‚Fastnachtspiel' beleuchtet meine Ausarbeitung im Speziellen die beliebtesten Stoffe, Motive und Charaktere des Fastnachtspieles im 15. und 16. Jahrhundert. Angesichts des geringen Umfangs dieser Ausarbeitung kann nur ein grober Überblick geliefert werden. Die Ausarbeitung berücksichtigt aber die literarische Tradition, in der die Fastnachtspiele stehen, und vergleicht diese mit den genannten Topoi und auch hinsichtlich ihrer Darstellungsweise.

1. Obszönität als ein hervorstechendes Kennzeichen im Fastnachtspiel

Bezeichnend für den Gehalt der Spiele ist die Lust am Groben, Unflätigen, Obszönen und Grotesken, so gerade aus dem Sexual- und Fäkalienbereich. Die Komik der Fastnachtspiele basiert hauptsächlich auf derbsinnlicher Sprache und Gestik.[1]

> „Bevorzugte Themen sind vergebliches Liebeswerben, Untreue, nicht eingehaltenes Eheversprechen, Aufschneiderei und Zank, wobei Schimpfrede, gerichtliche Auseinandersetzungen, Disputation, Streit- und Prügelszenen dominieren. Das Derbe, Unflätige, Schamlose, Groteske dringt auch in Bereiche ein, wo man es nicht erwarten würde."[2]

Doch dies muss insofern etwas relativiert werden, als dass dies nicht ausschließlich auf alle Fastnachtspiele zutrifft. Weiterhin stellt Catholy heraus, dass die Obszönität beim ersten Typus, dem Reihenspiel, eine größere Bedeutung gehabt hätte als beim Typus des Handlungsspieles, bei dem dies eher gelegentlich aufgetreten sei.[3] Wie sich die Obszönität in den Fastnachtspielen darstellte, soll im Folgenden aufgezeigt werden.

---

[1] Vgl. CATHOLY, Eckehard (1961): *Das Fastnachtspiel des Spätmittelalters. Gestalt und Funktion.* Tübingen: Niemeyer (= *Hermaea, Germanistische Forschungen, N.F. 8*), 232 und DERS. (1966): *Fastnachtspiel.* Stuttgart: Metzler, 41.

[2] GRECO-KAUFMANN, Heidy (1994): *Vor rechten lütten ist guot schimpfen. Der Luzerner Marcolfus und das Schweizer Fastnachtspiel des 16. Jahrhunderts.* Bern et al.: Peter Lang (= *Deutsche Literatur von den Anfängen bis 1700, 19*), 96.

[3] Vgl. CATHOLY (1961: 232 f.).

1.1 Verschlüsselung des Sexualbereichs durch Verbildlichung

Werden Verdauungsfunktionen und andere Themen des Fäkalienbereiches unverhüllt präsentiert, erfährt dagegen die Darstellung der Triebspähre fast durchweg eine Entfremdung, eine Maskierung. Die Darstellungen des Sexualbereichs zwischen Mann und Frau waren allein dadurch schon karikiert, dass Männer die Frauenrollen übernahmen. Aber einen hohen Grad an komischer Objektivierung und Distanzierung erhält der sexuelle Bereich durch den Gebrauch von Bildern, Metaphern, Vergleichen und Rätseln. Gerade Bezeichnungen für Organe und Handlungen des Trieblebens werden durch Ausdrücke aus einem anderen Bereich ersetzt.[4] Catholy begründet dies damit, dass die Triebsphäre dadurch ihre drohende Absolutheit verliere, sie würden daher verharmlost und so weniger dämonisch wirken.[5] Aber auch deswegen wird das komische Moment noch verstärkt. Eine weitere Entfremdung bzw. Distanzierung ergibt sich auch dadurch, dass die Metaphern meist aus der Welt des Bauern, aber auch des Ritters oder des Spielmanns, und nicht aus dem städtisch-bürgerlichen Alltag der Fastnachtsgesellschaft genommen wurden. Hierfür ein paar Beispiele[6]:

- bäuerliche Welt: *schopf (Vorhalle, Scheune), scheune, hacke, flegel, futter-* *wanne, garbe, wieslein mähen, dreschen*
- ritterliche Welt: *schild, speer, degen*
- Welt des Spielmanns: *schellen, geige, fiedelbogen, gaugelbüchse (Taschenspie- lerbüchse), pritscheschlagen*
- soziologisch undefiniert: *reien springen, rocken (Spinnstube), häuslein, wurst, na- geln, harte eier schälen*

Auch Bilder aus der Zoologie wurden genommen, die aber hauptsächlich aus der vertrauten und gezähmten Tierwelt entstammten und damit nicht etwas Wildes oder Ungezähmtes beschreiben wollten. Beispiele hierfür sind Esel, Fohlen, Maulwurf, Igel, Fisch.

Doch Termini des Sexualbereichs verbildlicht widerzugeben ist kein besonderes Merkmal der Fastnachtspiele, sondern kennzeichnet jede komische Dichtung des Erotischen. Entsprechungen und sogar Übereinstimmungen[7] finden sich immer wieder in der mittelhochdeutschen Novellistik, gerade bei der Verbildlichung durch Ausdrücke aus der bäuerlichen

---

[4] Vgl. Ebd., 239 ff und CATHOLY (1966: 42 ff.).
[5] Vgl. Ebd., 241.
[6] Vgl. Ebd., 242.
[7] Gelegentlich werden sogar die gleichen Bilder verwendet. Vgl. Ebd., 247.

Welt, so z.B. in der erotischen Schwankdichtung des 13. und 14. Jahrhunderts[8] und in der Literatur von Neidhart und Oswald von Wolkenstein.[9] Ein Unterschied besteht allerdings beim Fastnachtspiel in der Häufung der Bilder und dem größerem Eigengewicht des Spiels mit den Bildwörtern. Da die Handlung bei Fastnachtspielen im Gegensatz zu Novellen in den Hintergrund tritt, liegt das Gewicht auch auf Bilderrätseln und Wortspielen, die das Publikum erst enträtseln musste. Ein Beispiel für Wortspiele ist z.B. die doppeldeutige Verwendung von Ortsnamen.[10] Beispiel: Der Ort *Trippstill* wird verändert zu *Treffentrüll*. Als *trülle* bezeichnete man eine Dirne, so dass der Ort zu einem Ort wird, in dem man Dirnen trifft.[11] Diese Entschlüsselung musste der Zuschauer leisten.

1.2 Grobianismus in Schimpfszenen

Ging es bei der obszönen Bildsprache um eine Verschlüsselung, die durch den Zuschauer enthüllt werden sollte, so dienen Schimpfszenen der Aufgabe einer maßlosen Häufung von Scheltwörtern, die der Zuschauer vervollständigen konnte, wobei der Endreim eine Hilfestellung war. Auch hier ist das komische Moment vor allem in der Überspitzung des vulgären Ausdrucks zu finden. Meist waren sie in Form eines Wettstreits angelegt, bei dem einer den anderen zu übertrumpfen versuchte, und enthielten auch oft Prügelszenen, was das Komische noch verstärkte.[12] Beispielhaft ist das Stück 31 bei Keller[13]:

> Ach du schnoder verheiter pub,
> Vil minder erenwert pist du, dann ein rub,
> Du fuller, fresser, saufer und slaucher,
> Du heimlicher tuckischer diebstaucher,
> Du speier, zututler, lotter und smaicher,
> Du trieger, teuscher, bescheißer, und besaicher,
> Du erzschalk, fabentreiber und leisttreter,
> Du wurfelleger, poswicht, und verreter,
> Du raßler, hurer, eprecher und durchecht,
> Du schintfessel, freuenschender, teufelsknecht,
> Du gatzer und statzer, du tummer und tauber,
> Du gauch, esel, narr und erenberauber,

---

[8] Die Verwendung der geschlechtlichen Metaphorik in Fastnachtspielen knüpft in besonders starkem Maße an die erotische Schwankdichtung. Vgl. Ebd.
[9] Vgl. Ebd., 247 f.
[10] Vgl. Ebd., 248 ff.
[11] Vgl. Ebd., 250.
[12] Vgl. Ebd., 264 f.
[13] Keller, zitiert nach Catholy (1961: 265).

Du lastermailiger, schlurschlechtiger erenoser,
Du felscher, unverschemter afterkoser,
Du federklauber, orenkrauer, blodrer und todrer,
Du stumpler, petler, schwadrer, rodrer,
Du plintenfurer, erensteler, posheitsengel,
Du scheuentag und du galgenschwengel,
Du luchs, du fuchs, du paurenfeint, lernstadel,
Pfaffenhagel, suchenwurfel, du galgenwadel,
Du rurenprei, rosmorderer, zuckenrigel,
Du fegenpeutel, du raumslant, pubenstrigel,
Du lerenschrein, zuckßschwert, du raubengast,
Du lantrupfer, suchenwirt, du galgenast.

1.3 ‚Arztspiele' und Obszönität[14]

Wie bereits erwähnt, zeigt sich die Darstellung des Fäkalbereichs direkt, unmaskiert. Besonders gut konnte man der Fäkalsprache in den sog. ‚Arztspielen' frönen, aber auch Themen der Sexualität aufgreifen. In den Arztspielen ist meist die besondere Herausforderung für die Ärzte Verdauungsprobleme jeglicher Art, seien es Blähungen, Verstopfungen oder Durchfall, zu kurieren. Hier ließ sich besonders gut Fäkalsprache einsetzten. Für den Bereich der Sexualität sind dann Potenzprobleme und die Wiederherstellung der Jungfernschaft zu nennen. Dabei ist das Können der Ärzte unbegrenzt. Witz und Komik wird vor allem, neben der Sexual- und Fäkalsprache, zum einen dadurch erzeugt, dass jede Salbe zu hundert Prozent wirkt, und dass vor allem lebensverkürzend, zum anderen durch das Aufeinandertreffen gegensätzlicher Figuren, was zu vielerlei Missverständnissen führt. So ist das z.B. in dem Stück *Der scheissennd* zu finden, in welchem der dumme Bauer auf einen italienischen Arzt trifft und es durch die Sprachbarriere und ärztlichen Fachausdrücken zu vielerlei Missverständnissen kommt. Auch die Figur des Arztes bot Stoffe für Komik, da es gerade im 15. und 16. Jahrhundert von Quacksalbern und Wunderheilern gewimmelt hatte und die Menschen eher misstrauisch gegenüber Ärzten eingestellt waren. So gaben sie wunderbare Stoffe, um Betrügereien und Scharlatanerie zu thematisieren. Daher war auch das Spiel mit dem Wort ‚bescheissen' beliebt, dass man in beiderlei Sinn gebrauchte: den Arzt gleichsam ‚anzuscheissen' wie ‚zu bescheissen'.

---

[14] Die folgenden Ausführungen beziehen sich auf SILLER, Max (1992): Ausgewählte Aspekte des Fastnachtspiels im Hinblick auf die Aufführung des Sterzinger Spiels „der scheissend". In: DERS. (Hrsg.): *Fastnachtspiel – Commedia dell'arte. Gemeinsamkeiten – Gegensätze*. Akten des 1. Symposiums der Sterzinger Osterspiele (31.3. – 3.4.1991). Innsbruck: Universitätsverlag Wagner (= *Schlern-Schriften, 290*), 147 ff.

2. Die Bauernfigur als Repräsentant der Geschlechtlichkeit und menschlichen Fehlverhaltens

Eng verknüpft mit dem Kennzeichen der Obszönität ist die Figurengestaltung. Es ist nicht grundlos, dass die zentrale Figur des Fastnachtspiels der Bauer ist bzw. die Figuren im bäuerlichen Milieu angesiedelt sind. Catholy meint sogar, dass ‚Fastnachtspiel' und ‚Bauernspiel' beinahe als Synonyme verwendet werden können.[15] Und einige Stücke werden eigens als Bauernspiele bezeichnet. Nach Catholy sind 21 Stücke, die sich selbst als Bauernspiele bezeichnen, überliefert. Dazu kommt, dass ein Großteil in bäuerlicher Umwelt spielt, eine Bauern-Episode enthält oder mit einer oder mehreren Bauerfiguren ausstaffiert ist. Wenn z.b. auch kein Bauer explizit auftritt, entstammen die Figuren meist dem bäuerlichen Milieu.[16] Allein schon der Blick auf die Titel von Wuttkes Auswahl an Fastnachtspielen verdeutlicht dies.[17] Dass der Bauertypus eine zentrale Rolle spielt, liegt nicht daran, dass etwa Bauernhass vorlag, sondern vielmehr daran, dass der Bauerntypus mit bestimmten Vorstellungen verknüpft war. Mit dem Bauern verband man rohe Sinnlichkeit, Derbheit, Grobheit und vulgäres Benehmen.[18] Dieses negative Bild steht dabei in literarischer Tradition, war stereotypisiert und zu einer geradezu komischen Figur stilisiert. Er war meist auch immer der Narr, so dass man Narr und Bauer auch beinahe als synonyme verwenden kann. Es gibt aber so auch kein realistisches, tatsächliches Bild vom Bauern der Zeit wider, sondern nur einen Stereotyp. Im Fastnachtspiel steht diesem negativen literarisch tradierten Bild aber auch ein positives Bild des Bauerntypus gegenüber, wie z.B. der schlaue Bauer, der gleichsam auch für Vitalität steht.[19] So z.B. in dem Stück *Das Spiel vom König Salomon und dem Bauern Markolf*, in welchem der Bauer mit intellektueller Kraft seinen Gegner besiegt.[20] Am wichtigsten dabei ist aber, dass das städtische Bürgertum ihr fastnachtliches Verhalten damit entlastet. Es wird als Verhalten eines anderen Standes maskiert und die Bürger von ihrer eignen Sexualität oder Obszönität entbunden und entschuldigt. Dazu tritt auch das Moment der Distanzierung. Damit wird der Bauer zum Repräsentanten der Geschlechtlichkeit, der Triebspähre schlecht-

---

[15] Vgl. CATHOLY (1961: 258), aber auch GRECO-KAUFMANN (1994: 101).
[16] Vgl. CATHOLY (1961: 259 f.).
[17] Zu nennen sind beispielsweise *Der Bauer und der Bock, Die Bauernheirat, Die Bauernhändel* usw. Vgl. die Seminarlektüre WUTTKE, Dieter (2006): *Fastnachtspiele des 15. und 16. Jahrhunderts*. Stuttgart: Reclam.
[18] Vgl. CATHOLY (1961: 260).
[19] Vgl. Ebd., 260 ff., CATHOLY (1966: 46 f.) und GRECO-KAUFMANN (1994: 101 f.).
[20] Vgl. 9. Stück in WUTTKE (2006: 57-81).

hin. Ähnlich verhält es sich mit den Schimpfszenen. Weiterhin wird auch sämtliches menschliches Fehlverhalten auf den Bauern bzw. auf das bäuerliche Milieu übertragen.[21]

3. Menschliches Fehlverhalten als Thema im Fastnachtspiel

Thema des Fastnachtspiels in all seinen unterschiedlichen Erscheinungen ist meist menschliches Fehlverhalten. Damit war die Wirkungsabsicht von Fastnachtspielen eben nicht nur Unterhaltung sondern vor allem Belehrung. Dabei umfasst menschliches Fehlverhalten alle Laster aus dem Katalog der sieben Todsünden[22] (Auflistung nach Häufigkeit des Vorkommens in den Fastnachtspielen):

- Luxuria-Sünden (Wollust, Genusssucht, Ausschweifung):

  Geilheit, Wollust, voreheliche und eheliche Liebeshändel, Buhlerei, Kuppelei aber auch Neigung der Geistlichkeit zur Sünde

- Gula-Sünden (Völlerei, Selbstsucht):

  Unmäßigkeit im Essen und Trinken, Völlerei und Trunksucht

- Superbia-Sünden (Hochmut, Eitelkeit):

  Ungehorsam gegenüber Gott, Prahlerei, Glücksglaube, Zauberei usw.

- Avaritia-Sünden (Habgier, Geiz):

  Gier nach weltlichem Besitz, Verschwendungssucht, unerlaubter Reichtum und Geiz

- Neid, Eifersucht (Invidia-Sünden), Zorn, Zank, Rachsucht, Böswilligkeit (Ira-Sünden), Trägheit, Stumpfsinn, Feigheit, Ignoranz (Acedia-Sünden) wurden ebenso thematisiert

Zur Diagnostik dieser menschlichen Schwächen eigneten sich z.B. die Arzt- und Gerichtspiele gut.[23] Dabei sind wichtige Gestaltungsmittel die Reihung und die Antithese. So tragen z.B. in

---

[21] Vgl. CATHOLY (1961: 262 ff.).

[22] Vgl. KARTSCHOKE, Erika (1981): Fastnachtspiel. In: FREY, Winfried, Walter RAITZ & Dieter SEITZ (Hgg.): *Einführung in die deutsche Literatur des 12. bis 16. Jahrhunderts. Band 3: Bürgertum und Fürstenstaat – 15./16. Jahrhundert.* Opladen: Westdeutscher Verlag (= *Grundkurs Literaturgeschichte*), 119.

[23] Vgl. MOSER, Dietz-Rüdiger (1992): Fastnacht und Fastnachtspiel. Bemerkungen zum gegenwärtigen Stand volkskundlicher und literaturhistorischer Fastnachtsforschung. In: SILLER, Max (Hrsg.): *Fastnachtspiel – Commedia dell'arte. Gemeinsamkeiten – Gegensätze.* Akten des 1. Symposiums der Sterzinger Osterspiele (31.3. – 3.4.1991). Innsbruck: Universitätsverlag Wagner (= *Schlern-Schriften, 290*), 144 f.

der beliebten Form der Gerichtsspiele Ankläger und Beschuldigter ihre unterschiedlichen Standpunkte vor und im Streitgespräch können Vor- und Nachteile z.B. von Armut/ Reichtum oder Ehe/ Ehelosigkeit erörtert werden. Diese antithetische Struktur bietet die Möglichkeit, dem Publikum eine Fülle von Aspekten des thematisierten Problems vorzuführen. Der Reihung kommt eine vergleichbare Funktion zu. Hierdurch kann ebenfalls die Vielschichtigkeit eines Problems unter verschiedenen Ansichten und von verschiedenen Repräsentanten der Gesellschaft dargelegt werden. Fastnachtspiele weisen zudem fast immer einen offenen Schluss auf, so dass der Zuschauer selbst die entsprechenden Konsequenzen ziehen muss. [24]

Antithetik wird auch dadurch erzeugt, dass dem Bauern entgegengesetzte Charaktere beigestellt werden, wie z.B. der Gelehrte, der Arzt, der Ritter bzw. der Adel oder der Geistliche. Hierdurch wird es auch wieder ermöglicht, sämtliche Laster aus dem Katalog der Sünden zu thematisieren. [25]

4. Stoffe und Motive

Stoffe und Motive sind meist literarischen Vorbildern entlehnt: aus Fabeln, Sagen (Artussage, Aristoteles und Phyllis), Legenden (Silvesterlegende), aus der griech. Mythologie, aus dem Drama (Neidhartspiel), aus Meisterliedern, aus der Schwankdichtung, Spruchgedichten und der höfischen Minnedichtung. Und gerade Stoffe und Motive aus letztgenannter - der höfischen Minnedichtung - boten sich für die Verarbeitung in Fastnachtspielen an. Es sind hauptsächlich Erzählungen von Buhlschaftsabenteuern, also Minneabenteuern, aber auch Minneprobleme sind thematisiert. Man findet z.B. das Lob der Schönheit der Frau im Fastnachtspiel. Bei den Buhlschaftsabenteuern im Dienste der Minne erzählen verschiedene Buhlschafter auf komische Weise Anekdoten, z.B. legt sich einer anstatt zu seiner Minne, ins Bett eines alten Weibes, ein anderer erwischt nicht das Bett, sondern eine Wassergrube, wieder ein anderer muss täglich drei Stunden in der Donau baden, weil es sein Mädchen so will. Weiterhin wird die Minnelehre thematisiert, wenn z.B. die Frau ihrem Werber die richtige Art des Werbens erläutert. Aber auch Frau Minne bzw. Frau Venus selbst treten als Figuren und Lehrmeisterinnen und Beraterinnen auf. Hier übernehmen die Gerichtsspiele bzw. Streitgespräche die Funktion von mittelalterlichen Minnegerichtshöfen, in denen auch die personifizierte Frau Minne die Rolle des Richters übernehmen kann. Im Fastnachtspiel ist die

---

[24] Vgl. Kartschoke (1981: 121).
[25] Vgl. Ebd., 122.

Minnedichtung jedoch parodiert, verzerrt, karikiert. Es sind ungehobelte, grobe Bauern. Es sind keine Abenteuer, eher ‚Affenteuer'. Es sind keine Heldentaten, es sind Narrheiten. Die Schöffen der Minnegerichte sind Bauern mit witzigen, lautmalerischen Namen wie Ott Molkenpauch, Diez Kalbseuter, Jörg Leckenbrei oder Lutz Kerbenfeger.[26]

Daneben haben wir häufig Szenen aus dem Liebes- und Eheleben bzw. eher deren Problematik. Beispielsweise behandelt bei Wuttke[27] das Fastnachtspiel Nr. 7 *Die Bauernheirat* von Hans Folz die Voraussetzungen für eine gute Ehe, wobei dies hier für Mann und Frau in gleicher Weise gilt. Nr. 12 *Das Kälberbrüten* von Hans Sachs stellt ebenfalls die notwendigen Qualitäten für eine gute Ehe- und Haushaltsführung zur Diskussion, wobei hier der Mann als dummer Narr und ‚fauler Hund' erscheint und die Frau sich des Züchtigungsrechtes bedient. Bei der Nr. 20 *Die Erziehung des bösen Weibes* von Jakob Ayrer findet sich das Motiv des bösen Weibes, welches immer wieder im Fastnachtspiel verarbeitet wird.[28] Weiterhin waren auch Keuschheitsproben beliebt.[29]

Mit dem Titel *Das Eggenziehen* (Wuttke, Nr. 5) ist der Brauch des Eggenziehens angesprochen. Hierbei handelt es sich um einen Fruchtbarkeitsritus, bei dem Jungfrauen einen Pflug ziehen mussten. Im Fastnachtspiel wird es aber dahingehend modifiziert, dass die übriggebliebenen heiratsfähigen Jungfrauen damit gerügt und verspottet wurden. Jedes Mädchen muss auf die Frage, warum sie keinen Mann bekommen habe, eine Antwort geben, wobei die Rüge im Mittelpunkt steht.[30]

Das Stück *Neidhart mit dem Veilchen* von Hans Sachs (Wuttke, Nr. 18) vermittelt schon mit dem Titel auf welche literarische Tradition es sich bezieht - auf die Neidhartschule. Neidhart von Reuental war ein beliebter Dichter des 13. Jahrhunderts und bekannt. Er begründete die dörfliche, satirische Dichtung – eine Spielart des Minnesangs – und lieferte den o.g. Stereotypen des Bauern. Daraus entwickelte sich das Neidhardtspiel, in dessen Zentrum der Veilchenschwank steht. Dabei wird ein Ritter durch Bauern geprellt.[31]

Die Verspottung herrschender Stände, wie Adlige, aber auch der Könige und des Klerus, ist also ebenfalls Thema der Fastnachtspiele. Es lassen sich also auch neben dieser lusti-

---

[26] Die Ausführungen stellen eine Zusammenfassung Lenks 2. Kapitels *Das Fastnachtspiel und seine literarische Stellung* dar. Vgl. LENK, Werner (1966): *Das Nürnberger Fastnachtspiel des 15. Jahrhunderts. Ein Beitrag zur Theorie und zur Interpretation des Fastnachtspiels als Dichtung.* Berlin: Akademie Verlag (= *Beiträge zur Literaturwissenschaft, Reihe C, 33*), 44-107.
[27] Vgl. WUTTKE (2006).
[28] Vgl. Ebd., 49.
[29] Vgl. Ebd., 50 f..
[30] Vgl. Ebd., 25 f.
[31] Vgl. Ebd., 75 ff.

gen Alltagsthematik eine politische, ernstere Thematik finden. Hier sind z.B. Auseinandersetzungen mit der Reformation, aber auch Auseinandersetzungen zwischen Christen und Juden zu nennen.[32]

5. Zusammenfassung

Stoffe und Motive entsprangen meist der literarischen Tradition, wurden aber dem Anspruch des Fastnachtsbrauches entsprechend modifiziert, karikiert und überspitzt. Menschliches Fehlverhalten sollte vor Augen geführt werden, wobei Läuterung durch Übertreibung das Motto zu sein schien. Sexualität wurde in starkem Maße thematisiert, aber verbildlicht, verhüllt dargestellt, wodurch eine gewisse Distanzierung geschaffen wurde. Auch die Charaktere zeigen sich als Stereotype der literarischen Novellistik, werden aber auch modifiziert und nehmen vor allem die Funktion ein, den städtischen Bürger von seinem Fastnachtstreiben und -verhalten zu entbinden und zu entschuldigen, da die Charaktere fast gänzlich einem anderen Stand oder einer anderen Gruppe angehören.

---

[32] Vgl. hierzu ausführlicher Ebd., 85 ff.

CATHOLY, Eckehard (1961): *Das Fastnachtspiel des Spätmittelalters. Gestalt und Funktion.* Tübingen: Niemeyer (= *Hermaea, Germanistische Forschungen, N.F. 8*).

DERS. (1966): *Fastnachtspiel.* Stuttgart: Metzler, 41.

GRECO-KAUFMANN, Heidy (1994): *Vor rechten lütten ist guot schimpfen. Der Luzerner Marcolfus und das Schweizer Fastnachtspiel des 16. Jahrhunderts.* Bern et al.: Peter Lang (= *Deutsche Literatur von den Anfängen bis 1700, 19*).

KARTSCHOKE, Erika (1981): Fastnachtspiel. In: FREY, Winfried, Walter RAITZ & Dieter SEITZ (Hgg.): *Einführung in die deutsche Literatur des 12. bis 16. Jahrhunderts. Band 3: Bürgertum und Fürstenstaat – 15./16. Jahrhundert.* Opladen: Westdeutscher Verlag (= *Grundkurs Literaturgeschichte*), 114-138.

LENK, Werner (1966): *Das Nürnberger Fastnachtspiel des 15. Jahrhunderts. Ein Beitrag zur Theorie und zur Interpretation des Fastnachtspiels als Dichtung.* Berlin: Akademie Verlag (= *Beiträge zur Literaturwissenschaft, Reihe C, 33*).

MOSER, Dietz-Rüdiger (1992): Fastnacht und Fastnachtspiel. Bemerkungen zum gegenwärtigen Stand volkskundlicher und literarhistorischer Fastnachtsforschung. In: SILLER (Hrsg.), 129-146.

SILLER, Max (Hrsg.) (1992): *Fastnachtspiel – Commedia dell'arte. Gemeinsamkeiten – Gegensätze.* Akten des 1. Symposiums der Sterzinger Osterspiele (31.3. – 3.4.1991). Innsbruck: Universitätsverlag Wagner (= *Schlern-Schriften, 290*),

DERS. (1992): Ausgewählte Aspekte des Fastnachtspiels im Hinblick auf die Aufführung des Sterzinger Spiels „der scheissend". In: DERS. (Hrsg.), 147-159.

WUTTKE, Dieter (2006): *Fastnachtspiele des 15. und 16. Jahrhunderts.* Stuttgart: Reclam.